This Book belongs to:

____

ይህ መጽሃፍ ለ፦   ነው፡፡

አረንጓዴ

GREEN

ဗီ ဇၣ
YELLOW

ጥቁር

BLACK

ብርትኳናማ
ORANGE

ሐምራዊ

PURPLE

ወርቃማ
GOLDEN

ነ ጭ
WHITE

곰돌이
BROWN

OH
PINK

ሰማያዊ

BLUE

ግራጬ

GRAY

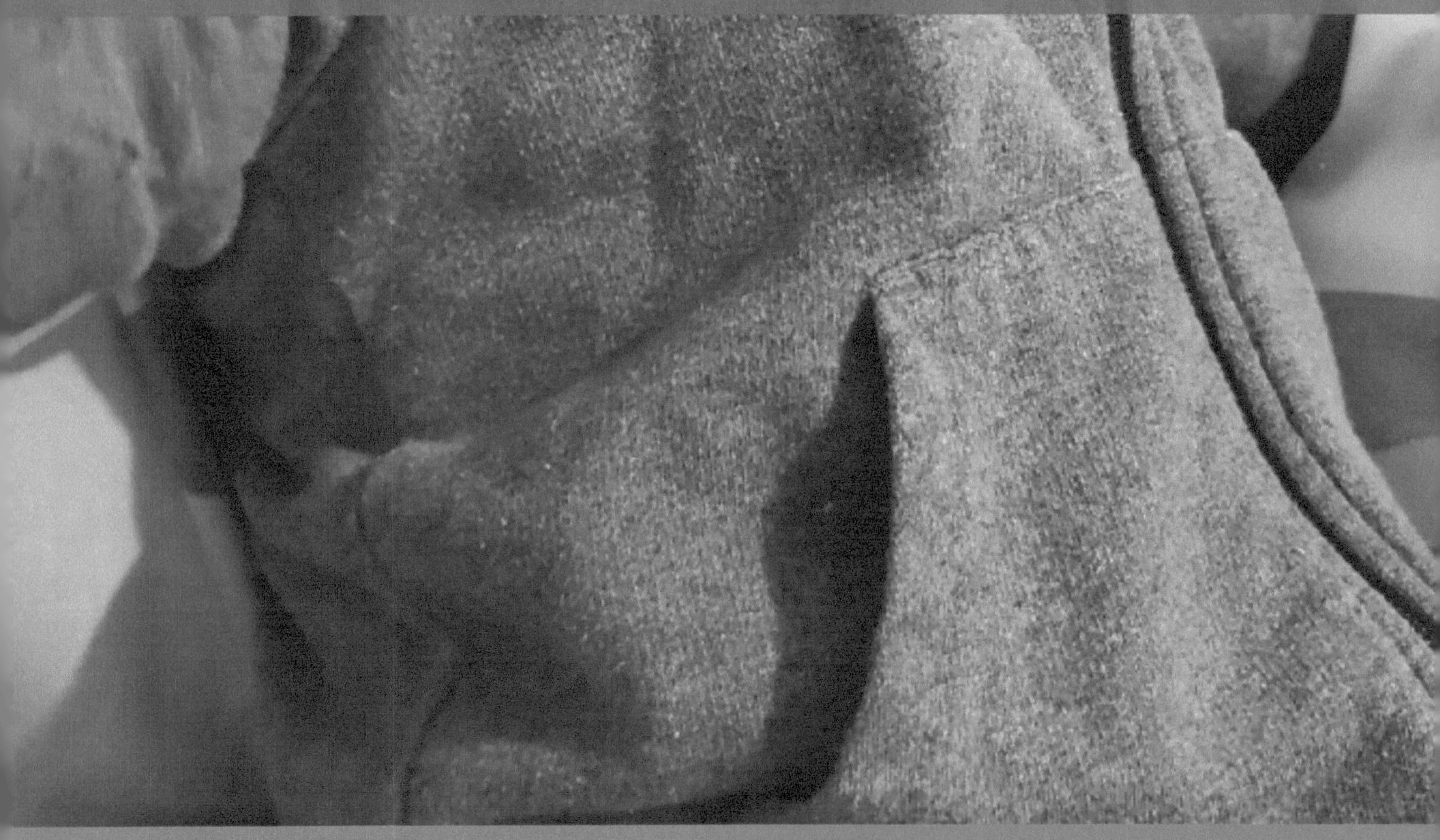

ቀ ይ

RED

ውሃ ማ
BABY BLUE

ሀ ሁ ሂ ሃ ሄ ህ ሆ

ሐ ሑ ሒ ሓ ሔ ሕ ሖ

መ ሙ ሚ ማ ሜ ም ሞ

ረ ሩ ሪ ራ ሬ ር ሮ

ሰ ሱ ሲ ሳ ሴ ስ ሶ

ቀ ቁ ቂ ቃ ቄ ቅ ቆ

በ ቡ ቢ ባ ቤ ብ ቦ

ተ ቱ ቲ ታ ቴ ት ቶ

ነ ኑ ኒ ና ኔ ን ኖ

ከ ኩ ኪ ካ ኬ ክ ኮ

ወ ዉ ዊ ዋ ዌ ው ዎ

ዘ ዙ ዚ ዛ ዜ ዝ ዞ

የ ዩ ዪ ያ ዬ ይ ዮ

ደ ዱ ዲ ዳ ዴ ድ ዶ

ገ ጉ ጊ ጋ ጌ ግ ጎ

ጠ ጡ ጢ ጣ ጤ ጥ ጦ

ጨ ጩ ጪ ጫ ጬ ጭ ጮ

አረንግዴ	Green	ቢጫ	Yellow
ጥቁር	Black	ብርትኳናማ	Orange
ሐምራዊ	Purple	ወርቃማ	Golden
ነጭ	White	ቡኒ	Brown
ሮዝ	Pink	ሰማያዊ	Blue
ግራጫ	Gray	ቀይ	Red
		ውሃማ	Baby blue

በ ምትወዱት ቀለም ሳሉ   Draw with your favorite color

ይህን መጽሃፍ በማንበብ የአማርኛ ቀለማት ቃላትን ማወቅ ያስችል ዘንድ እንዲሁም ፊደሎችን ለመለየት እንዲስችል ታስቦ የተዘጋጀ ነው።

ከህጻናት ጋር በጫዋታ ና በመጥያቄ በማንበብ ቋንቋን እንዲያስተምር ለልጆች ሆኖ ተዘጋጅቶል በእያንዳንዱ ገጽም ልጆች ሃሳባቸውን እንዲገልጹ ማድረግ ይቻላል።

Netsanet Zewdie Worago

Freegeneration2019@gmail.com
2013/2020